Doris Löffler

Kinder erfahren
Biblische Geschichten

Kinder-Gottesdienste,
Kindergruppen, Kindergarten

Bibliografische Angaben:

Die Deutsche Nationalbibliothek verzeichnet diese Publikation in der Deutschen Nationalbibliografie; detaillierte bibliografische Daten sind im Internet über dnb.dnb.de abrufbar.

Copyright
© Georg E. Schäfer
Vermerk zu Herstellung und Verlag
Herstellung und Verlag: BoD – Books on Demand, Norderstedt".
ISBN 9783750413245
Quellennachweise:

Texte von der Autorin

Herausgeber: Georg E. Schäfer

Verse, sofern nicht anders angegeben, traditionell von unbekannten Autoren.
Bilder: kostenlos mit Nutzungsrecht von Pixabay.com. Wir danken.
Das Titelbild fotografierte der Herausgeber in der Christuskirche in Ulm-Söflingen beim Erntedankfest 2019
Wird hier von Egli-Figuren gesprochen, dann sind damit die im Kirchenbereich umgangssprachlich so bezeichneten, selbst nach den Ideen der Bastler und mit den jeweils in den Haushalten und Gemeinde-Räumen verfügbaren Materialien gefertigten Figuren gemeint, die weder von der Gestaltung noch vom Material her einem Urheberrecht unterliegen.

Inhalt

Zum Geleit

Die Religionspädagogin Doris Löffler erzählt seit über 60 Jahren Kindern biblische Geschichten. Der besondere Charme liegt in der fein ziselierten Erzählkunst, im Duktus und der souveränen Gesprächsführung.

Kinder werden mit zunehmendem Alter reifer. Sie, wie wir alle, verstehen Religion deshalb immer wieder neu. Das bezieht Doris Löffler in ihre Erzählungen ein. Das Fazit der Geschichten ist so, dass die Kinder sie auch später auf ihr Leben anwenden können, etwa wenn sie das frühkindliche Denken überwunden haben.

Natürlich werden viele junge Kinderbetreuerinnen und Kinderbetreuer anders erzählen. Doch auch sie mögen aus den Erfahrungen der Vergangenheit profitieren. Zudem eignet sich das Büchlein auch für Erwachsene und Senioren, die sich gerne an die Erzählungen ihrer Kindheit erinnern.

Der Herausgeber

Georg E. Schäfer

Religionspädagogisches Vorwort

Die Bibeltexte sind eine Einladung an alle, die sie hören, sich auf die Dramatik der Menschengeschichten einzulassen: auf die inneren Nöte und äußeren Wechselfälle des Lebens.

Die Bibeltexte erzählen, wie Menschen ihr Leben mit Gott verbunden haben. So sind diese Bibeltexte eine Einladung an uns, auch unsere eigenen Erlebnisse mit der großen Kraft, die wir Gott nennen, zu verbinden.

Kindern fällt diese Verbindung vom eigenen kleinen Leben zu einem großen Göttlichen oft leichter als Erwachsenen. Dennoch werden sie in der Adoleszenz kritisch auf die „Geschichten" in der Bibel blicken und sich fragen, ob sie auch „wahr" seien.

Die vorliegenden Erzählvorschläge wollen einerseits die Bibeltexte mit kindlichen Alltagserlebnissen ins Gespräch bringen. Zugleich wollen sie die innere Wahrheit der Bibeltexte so anklingen lassen, dass sie auch später nicht als „unwahr" weggelegt werden müssen.

Die Gestaltung der Mitte unterstützt bei der Erzählung die Präsentation. Deshalb wird die Mittegestaltung vor jedem Erzählvorschlag kurz beschrieben. Es wurden „Egli-Figuren" (30 cm) verwendet, deren Variante auch „biblische Erzählfiguren" genannt werden. Diese Figuren kann man in unterschiedlicher Größe entweder selbst in angeleiteten Kursen herstellen oder man kann sie fertig kaufen.

Wenn diese Erzählfiguren nicht zur Verfügung stehen, können auch andere Figuren oder Bilder zur Mittegestaltung genutzt werden. Wichtig ist, dass die Gestaltung der Mitte hinführt zum Einstieg in die Geschichte.

Das Gespräch mit den Kindern zum Einstieg oder auch nach den Erzählungen gehört wesentlich dazu, aber lässt sich nicht „machen". Die Kinder sollen die Gelegenheit haben, die Geschichten „abzutasten" und mit ihren Ideen, Fragen und Bedürfnissen zu verbinden.

Manche Erzählvorschläge schließen mit einer kreativen Aneignung des Gehörten ab, die dann als Vorlage zur Verfügung gestellt wird.

Mögen die Bibeltexte die Herzen der Kinder erreichen und so als Schatz die Kinder in den Wechselfällen des Lebens begleiten! Die Erzählvorschläge können dazu nur ein kleiner Beitrag sein.

Doris Löffler, Ulm im Herbst 2019

1. Abraham unterm Sternenhimmel (1. Mose 12+15)

Mittegestaltung: Blaues Tuch, darauf steht Abraham (als Egli-Figur) mit ausgebreiteten Armen zum Himmel schauend, um ihn herum liegen auf dem Tuch gefaltete gelbe Wassersterne (siehe Vorlage).

Kinder erzählen was sie sehen.
Der Mann in der Mitte heißt ABRAHAM, von ihm möchte ich heute erzählen.

Abraham war sehr reich, er hatte viele Tiere, Schafe, Kühe, Esel und ein Kamel. Auf einem Kamel kann man gut reiten. Es läuft ganz schnell. Für die Menschen damals waren Kamele wie für uns heute Autos.
Abraham war reich an Tieren, aber er fühlte sich trotzdem arm, weil er keine Kinder hatte. Wem sollte einmal alles gehören, wenn er gestorben ist?

Eines Tages hörte Abraham Gottes Stimme in seinem Herzen: „Abraham, du sollst umziehen in ein anderes Land, das ich dir zeigen werde. Hab keine Angst. Ich bin bei dir. Ich begleite dich. Nimm alles mit, was zu dir gehört, deine Tiere, deine Knechte und Mägde, die dir helfen und natürlich deine Frau." Die hieß SARA. „In dem Land, das ich dir zeigen werde, sollen später auch deine Kinder wohnen. Aus dir soll ein großes Volk werden!"

Was meint ihr, was Sara sagte, als Abraham ihr erzählte, was Gott zum ihm gesprochen hatte?

Sie erschrak! „Was sagst du da, Abraham. Glaubst du das, was Gott gesagt hat? Wir sollen wegziehen, von unseren Nachbarn, Freunden und Verwandten in ein Land, wo wir niemand kennen. Sie werden uns auslachen und verspotten und sagen, Abraham und Sara sind verrückt geworden. Abraham glaubst du Gottes Wort wirklich?"

„Ja Sara, ich glaube Gottes Wort und es sind mir willkommen, die mit mir diesen Weg gehen."

Es war viel Arbeit, bis alles zum Umzug gerichtet war. Es war ein langer Zug von Tieren und Menschen, die sich da auf den Weg machten. Die Esel waren beladen mit Nahrung und allem was notwendig war für eine lange Reise. Abraham und Sara saßen auf dem großen Kamel. Sie sind vorausgeritten, Knechte, Mägde und Tiere kamen hinterher.

Die Reise war unendlich lang und mühsam. Sie ging vorbei an hohen Bergen, durch große Wälder und durch Wüste, wo es nichts als Sand gab. Wenn es Abend wurde, hielten sie an, bauten ein paar Zelte auf für die Menschen zum Schlafen. Die Tiere mussten draußen bleiben. Sie kuschelten sich dicht aneinander und schliefen auch.
Doch nicht alle Knechte schliefen. Einige mussten wach bleiben, um die Tiere zu bewachen. Sie zündeten ein Feuer an in der dunklen Nacht, damit sich kein wildes Raubtier heranwagte, um ein Tier zu stehlen.

Wenn es dann Morgen wurde, gingen sie weiter. Abraham zog weiter und weiter. Er wartete auf die Stimme Gottes in seinem Herzen, die ihm sagen sollte, wann sie am Ziel sind. Abraham war nicht ängstlich während der langen Reise. Er vertraute darauf, dass Gott wahr macht, was er versprochen hat, auch wenn es lange dauert.

Eines Tages war es so weit. Vor ihnen lagen Wiesen mit saftigem Gras und Blumen. Da gab es Bäche mit frischem klarem Wasser. Die Tiere hüpften vor Freude, fraßen vom saftigen Gras, tranken vom frischen Wasser aus den Bächen. Abraham hörte in seinem Herzen Gottes Stimme: „Abraham dieses Land will ich dir und deinen Kindern geben."

Kinder? Abraham dachte: Wir haben doch keine Kinder! Wie das geschehen soll, weiß ich nicht. Gott weiß es.
Manchmal dauert es sehr lange bis das geschieht, was Gott will.

Sara sagte: „Abraham, es wird wohl nicht mehr geschehen, was Gott dir gesagt hat. Wir sind doch viel zu alt, um noch viele Kinder zu bekommen."

 Abraham war auch betrübt, weil es so lange dauerte, bis Gott sein Versprechen erfüllte. Manchmal konnte er deswegen nicht schlafen.

Doch eines Nachts hörte Abraham plötzlich wieder die Stimme Gottes in seinem Herzen. „Abraham, sei nicht traurig. Ich sorge für dich zur rechten Zeit." „Ja Gott", antwortete Abraham. „Ich vertraue dir, aber Gott, wir haben immer noch kein Kind!"
Da sagte Gott: „Abraham, steh auf, geh vor dein Zelt, schaue in den Nachthimmel – was siehst du?" „Ich sehe Sterne am Himmel." „Abraham, zähle die Sterne!" Aber das konnte Abraham nicht. Es waren viel zu viele! „Abraham, die vielen Sterne sollen dir zeigen, so zahlreich wird das Volk werden, das hier im Land Kanaan wohnen soll und es beginnt mit dem Sohn, den ich dir schenken werde. Der wird dann später Kinder bekommen, und die werden auch wieder Kinder bekommen. So wird daraus ein Volk. Ich werde für dieses Volk sorgen. Es soll das Volk Gottes sein."

Da war Abraham glücklich. Er glaubte Gottes Wort. Nun konnte er wieder warten und wenn er hin und wieder einmal nachts wach lag, weil es so lange dauerte, dann sah er zu den Sternen empor und sagte leise: Es wird so geschehen, wie Gott gesagt hat.

Das nächste Mal erzähle ich dann, wie sich Gottes Versprechen erfüllt hat.

Jedes Kind bekommt einen Wasserstern (Zacken des Papiersterns in der Mitte falten) und vorsichtig in die bereit gestellte, mit Wasser gefüllte Schale legen.

Während die Sterne sich langsam öffnen könnte man mit den Kinder singen: „Weißt du wieviel Sternlein stehen...".

Anschließend dürfen die noch feuchten Sterne zum Trocknen mitgenommen werden, um das Aufgehen zu Hause nochmals auszuprobieren und der Familie von der Geschichte zu erzählen.

<u>Vorlage Wasserstern</u>

2. Isaak wird geboren (1. Mose 21)

Mittegestaltung: Vor einem Zelt (eine Schachtel mit Tüchern darüber) steht Sara. Drei Gäste sitzen an einem Tisch (gebastelt aus Karton) vor dem Zelt. Abraham bringt Fladenbrot und Wasser in einem Krug.

Kinder erzählen was sie sehen und vermuten.
Wisst Ihr noch die Namen von dem Mann und der Frau, von denen ich das letzte Mal erzählte? (Abraham und Sara) Gott hat ihnen etwas Schönes versprochen und sie müssen immer noch darauf warten! Worauf warten sie? (ein Kind)

Abraham und Sara lebten nun seit einiger Zeit in dem Land, das Gott ihnen versprochen hatte. Aber das Kind, das Gott ihnen auch versprochen hatte, ist immer noch nicht geboren. Sara sagte zu Abraham: „Ich glaub nicht mehr daran, dass ich noch ein Kind bekommen werde. Und du Abraham?"

„Sara mir fällt das Warten auf das versprochene Geschenk Gottes auch schwer. Aber wenn mein Glaube immer wieder ganz klein ist, dann gehe ich bei Nacht vor das Zelt und schau an den Sternenhimmel. Dann höre ich in meinem Herzen wieder die Stimme Gottes: ‚Hab keine Angst Abraham. Du wirst den versprochenen Sohn bekommen.' Sara, dann vertraue ich wieder darauf, dass Gott hält was er verspricht."

Abraham und Saras Zelt stand unter Bäumen, die Schatten spendeten. Oft war es sehr heiß. Sara kochte im Zelt und hielt alles sauber. Manchmal dachte sie: „Es könnte alles so schön sein, wenn wir das versprochene Kind hätten. Es hätte hier Platz zum Spielen und zum Schlafen."

Eines Tages, es war ein heißer Tag, Abraham kam gerade aus dem Zelt, da sah er drei Männer kommen. Er lief ihnen entgegen und begrüßte sie und lud sie ein: „Ihr habt sicher Durst und vielleicht auch Hunger!"
Die Männer nahmen die Einladung an. Abraham bat sie, vor dem Zelt Platz zu nehmen. Er ging ins Zelt und erzählte schnell Sara von dem Besuch. Dann holte er Brot, vielleicht auch ein leckeres Stück Braten und Wasser. So sorgte Abraham für seine Gäste, obwohl er noch gar nicht wusste, wer sie waren. Er dachte: „Vielleicht ist es ein vornehmer Herr, der mit seinen Knechten unterwegs ist?"

Auf einmal fragte einer der drei Männer: „Wo ist denn deine Frau Sara?" Abraham antwortete: „Sie ist im Zelt!" „Gut, über ein Jahr werde ich wieder kommen. Dann wird Sara ein Kind, einen Sohn, haben." Da wurde Abraham froh, denn nun wusste er, wer da vor ihm saß und mit ihm redete: Boten Gottes. Sie waren gekommen, um ihm nochmals Gottes Geschenk anzukündigen.

Sara hatte heimlich im Zelt gelauscht, was die Männer da draußen sprachen. Als sie hörte, was der eine sagte, sie werde in einem Jahr, wenn sie wieder kommen, ein Kind haben, da lachte sie laut vor sich hin: „Das glaub ich doch nicht, der kann viel reden!"

Dann erschrak sie, als der Mann sagt: „Warum lacht Sara? Glaubt sie nicht an das, was Gott verspricht?" Da rief Sara: „Ich habe nicht gelacht!" Sie log, weil sie Angst hatte, bestraft zu werden. „Lüge nicht Sara, du hast gelacht. Trotzdem soll aber das geschehen, was ich gesagt habe." Dann standen die drei Männer wieder auf, bedankten sich bei Abraham und Sara für das Essen und gingen weiter. Abraham begleitete sie noch ein Stück.

Einige Zeit nach diesem Besuch spürte Sara, dass ein Kind in ihrem Bauch wächst . Sie konnte es kaum glauben, aber sie spürte ganz zarte Bewegungen. Voll Freude erzählte sie Abraham davon. Nun wussten sie beide, dass das langersehnte Kind kommen würde.

Nach neun Monaten kam das Kind auf die Welt, ein Junge. Gott hatte sein Versprechen wahr gemacht. Abraham und Sara waren nun glückliche Eltern. Sie gaben ihrem Sohn den Namen „Isaak". Sie lobten und dankten Gott. Sie feierten mit Freunden und Nachbarn ein Geburtstagsfest.

Wir freuen uns mit Abraham und Sara und singen ein Geburtstagslied (mit selbst erdachten Bewegungen):

Viel Glück und viel Segen
auf all deinen Wegen,
Gesundheit und Freude,
sei auch mit dabei.

Man könnte die Kinder auffordern ein Bild zu malen, was ihnen an der Geschichte am besten gefallen hat.

3. Die Geschichte von Jona (Jona 1 – 3)

Mittegestaltung: Blaue Tücher liegen wellenförmig, auf ihnen schwimmt ein großer Walfisch aus Karton mit offenem Maul, aus dem Jona (Egli-Figur) herauskriecht

---

Die Kinder erzählen was sie sehen.

Was da passiert ist, erzähle ich euch gleich, zuerst habe ich noch eine Frage an euch:

Kennt ihr das? Ihr seid ganz ins Malen oder Spielen mit Bausteinen vertieft oder ihr seht eine interessante Sendung im Fernsehen für Kinder. Da rufen Mutter oder Vater, dass ihr kommen und mithelfen sollt, etwas in den Garten oder ins Auto zu tragen. Nein! dazu habt ihr keine Lust, ihr wollt das nicht machen! Was geschieht dann? (Kleines Rundgespräch)

In der Nähe der Stadt Ninive lebte der Prophet Jona! Ob ihr wisst was für eine Aufgabe ein Prophet hat?

Er spricht mit den Menschen über das, was Gott ihm, dem Propheten, gesagt hat, was er an die Menschen weitersagen soll.

Eines Tages sagte Gott zu Jona: „Geh in die Stadt Ninive! Die Menschen dort benehmen sich fürchterlich. Sie streiten und schlagen sich. Sie bringen einander um! Ich will, dass sich die Menschen ändern, sonst werde ich die ganze Stadt vernichten!"

Jona hörte sich Gottes Auftrag an, aber er dachte, wenn ich dies den Menschen sage, dann werden sie mir nicht glauben und werden mich am Ende auch noch töten. Ich habe keine Lust. Ich will nicht nach Ninive und den Menschen Gottes Wort sagen. Deshalb kaufte er sich eine Fahrkarte für ein Schiff, das in eine ganz andere Richtung fuhr. Er stieg in das Schiff, machte es sich dort gemütlich und schlief ein.

Während Jona schlief bildeten sich am Himmel dicke schwarze Wolken. Es wurde ganz dunkel und ein schwerer Sturm kam auf. Er peitschte das Wasser zu hohen Wellen hoch.
Die Schiffsmannschaft hatte große Angst, dass das Schiff kentern und sinken könnte. Deshalb warfen sie so viel wie möglich von der Schiffsladung über Bord.

Dann weckten sie Jona, der immer noch tief und fest schlief und von dem Sturm gar nichts merkte. „Wach auf Jona!" riefen die Schiffsleute. „Bete, dass uns dein Gott rettet!" Jona erschrak und dachte gleich, dass Gott den Sturm geschickt hatte, weil er sich geweigert hatte nach Ninive zu gehen.

Dann sagte er zu den Schiffsleuten: „Ich glaube an Gott, der Himmel, Erde und das Wasser geschaffen hat. Werft mich ins Meer, dann wird der Sturm aufhören und ihr seid gerettet." Sie taten was Jona sagte, packten ihn und warfen ihn über Bord ins tiefe, brausende Meer. Jona rief laut und betete zu Gott: „Gott hab Erbarmen und schütze mich vor dem Ertrinken."

Da schickte Gott einen großen Walfisch! Der schwamm auf Jona zu, riss sein Maul auf und verschluckte Jona. Sobald das geschehen war, legte sich der Sturm und das Meer wurde wieder ganz ruhig.

Nun saß Jona 3 Tage und 3 Nächte im Bauch des Walfisches. Er betete: „Gott, ich habe zu dir gerufen, als ich im wilden Meer schwamm und schreckliche Angst hatte, dass ich ertrinke. Du hast mich gerettet im Bauch des Walfisches. Dafür danke ich dir!" Gott hörte Jonas Gebet und brachte den Fisch dazu, dass er ans Ufer schwamm, sein Maul öffnete und Jona ausspuckte!

Gleich darauf wiederholte Gott noch einmal seinen Auftrag: „Jona, geh nun nach Ninive. Sage den Leuten, dass ich will, dass sie ihr schlimmes Verhalten ändern, sonst werde ich die Stadt vernichten!" Dieses Mal machte sich Jona gleich auf den Weg nach Ninive. Drei Tage lang ging er durch die Stadt und sagte den Menschen, wie zornig Gott darüber ist, wie sie lebten.

Sie sollen aufhören, so schreckliche Dinge zu tun und wieder nach Gottes Geboten leben, sonst würde Gott die Stadt Ninive vernichten.

Was war das für eine Überraschung. Jona konnte es kaum glauben. Die Menschen hörten tatsächlich auf das, was er ihnen sagte. Sie sahen ein, wie falsch sie lebten und wollten es ändern. Alle in der Stadt hörten zunächst auf zu essen und zu trinken. Sie fasteten, damit Gott sehen sollte, dass sie es ernst meinten und ihr Leben wirklich ändern wollten. Gott freute sich, dass die Menschen auf sein Wort, dass er durch Jona ausrichten ließ, hörten. Er vergab ihnen ihre Schuld, weil er die Menschen liebt.

Und Gott freute sich auch über Jona, dass er seinen Auftrag gut erfüllt hat. So durften alle wieder neu anfangen, Jona und die Menschen von Ninive.

Das war die Geschichte zu unserem großen Walfisch und dem Mann hier in unserer Mitte.

Damit ihr die Geschichte nicht vergesst und auch zu Hause nochmals nacherzählt, teile ich euch weiße Karten aus, auf die ihr den großen Walfisch malen dürft.

4. Der Sturm auf dem Meer (Markus 4)

Mittegestaltung: Im großen Segelboot, aus Papier gefaltet, steht Jesus mit ausgebreiteten Armen am Bootsrand, drei Jünger stehen mit im Boot. Im Boot liegt ein kleines Kissen.

Die Kinder erzählen was sie sehen und benennen ihre Vermutungen dazu.
Ihr kennt das sicher alle, wie das ist, wenn man Angst hat! Ob ihr dazu etwas sagen könnt? (Rundgespräch) In der Bibel wird uns erzählt, wie die Jünger Jesu einmal große Angst hatten. Das kam so:

Jesus war mit seinen Jüngern am Ufer des Sees Genezareth. Dass Jesus dort sei, hat sich unter den Menschen, die in der Nähe wohnten, schnell herumgesprochen. Einer sagte es dem andern weiter: „Hast du schon gehört, Jesus ist ganz in der Nähe bei uns am Ufer des Sees."
„Ach, gut dass du das sagst. Da geh ich mit meiner ganzen Familie dort hin! Jesus erzählt immer von Gott und seiner Liebe zu den Menschen. Da wird man ganz froh, wenn man ihm zuhört."

Kinder, die auch unterwegs zu Jesus waren, haben von ihm folgendes gelernt. Auch wenn sie nicht immer alles richtig machen, dann sagt Gott nicht: „Von dir will ich nichts mehr wissen, dich mag ich nicht mehr." Gott liebt sie trotzdem. Eines der Kinder sagte: „Ja das stimmt, das hab' ich auch gehört. Das will ich nochmals von Jesus hören. Da werde ich ganz froh."

Von allen Seiten strömten die Menschen herbei, um Jesus zu hören. Den ganzen Tag erzählte er von Gott und sprach mit den Menschen. Traurige tröstete er, Mutlose ermutigte er, Kranken, die man zu ihm brachte, legte er die Hände auf und bat Gott um Heilung und segnete sie. Etliche wurden wieder gesund.

Als es Abend geworden war, gingen die Leute wieder nach Hause. Jesus bat seine Jünger, dass sie das Fischerboot herbringen sollten. Er wollte mit ihnen ans andere Ufer des Sees fahren und sich ausruhen nach dem anstrengenden Tag.

Jesus stieg ins Boot, ging nach hinten, nahm ein kleines Kissen, das da herumlag, legte es unter seinen Kopf und schlief gleich tief und fest ein.

Die Jünger ruderten los, es war eine lange Strecke bis ans andere Ufer. Der Mond war aufgegangen und leuchtete hell und klar am Himmel und beleuchtete ihren Wasserweg. Die Jünger redeten leise miteinander, damit sie Jesus nicht aufweckten.

Plötzlich zogen dunkle Wolken am Himmel empor, die den Mond verdeckten. Wind kam auf, erst leicht, dann wurde er immer stärker.

Die Jünger ruderten und ruderten, um schnell ans Ufer zu kommen. Aber aus dem Wind wurde ein starker Sturm, gegen den sie nicht mehr ankamen. Er peitschte das Wasser zu riesigen Wellen hoch und ihr Boot trieb auf den Wellen hin und her. Sie holten das Segel ein und hatten alle Mühe, das Wasser, das ins Boot gelaufen war, mit Eimern schnell wieder heraus zu schöpfen. Sie bekamen große Angst, dass das Boot mit ihnen untergeht.

Und Jesus? Er lag ruhig schlafend auf seinem Kissen im Boot. Die Jünger gingen zum ihm hin, rüttelten ihn wach und schrien ganz laut: „Hilfe! Hilfe! Jesus wach doch auf! Merkst du denn nicht, dass wir gleich untergehen werden? Jesus! Du musst uns helfen, wach auf!"

Da machte Jesus die Augen auf, stand auf, ging an den Bootsrand, erhob seine Arme und rief ganz laut in den Sturm: „Hör auf!

Schweig und verstumme!" Und plötzlich hörte der Sturm auf, die Wasserwellen legten sich und es wurde ganz still!

Die Angst der Jünger legte sich in ihren Herzen. Sie schauten einander an, staunten und fragten sich: „Wie kann das sein, dass jemand dem Sturm und dem Wasser Befehle geben kann?"

Ob ihr da eine Antwort wisst? (Rundgespräch)
Wohlbehalten kamen sie am anderen Ufer an. Da hatten sie den Menschen dort viel zu erzählen, was sie auf dem See mit Jesus erlebten!

Zur Erinnerung an die Geschichte basteln die Kinder sofort oder zu Hause Papierschiffchen. Ein Vorschlag findet sich nachfolgend. Diese Papierschiffchen werden an der gestrichelten Linie gefaltet und an den Rändern zusammengeklebt.

<u>Vorlage Papierschiffchen</u>

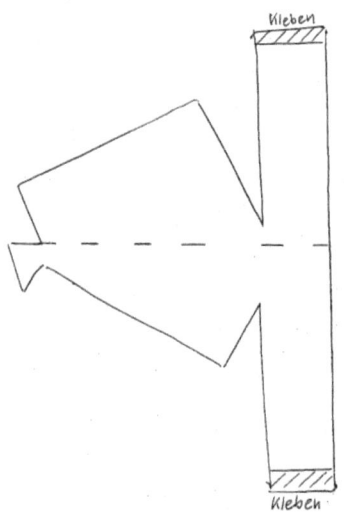

5. Jesus segnet die Kinder (Matthäus 19)

Mittegestaltung mit Egli-Figuren: Jesus umringt von Kindern, zwei Mütter mit einem Kind auf dem Arm

Die Kinder berichten was sie sehen.
Dazu wollen wir ein kleines Lied lernen:

 „Jesus hat die Kinder lieb, er lädt sie alle ein, keins ist bei ihm ausgeschlossen, alle sind sie sein."[1]

Ob ihr noch wisst, warum Menschen so gerne zuhörten, wenn Jesus von Gott erzählte? (kleines Rundgespräch)

Jesus war mit seinen Jüngern auf dem Weg zur Stadt Kapernaum. Da sahen sie eine Gruppe von Menschen auf sie zukommen. Es waren Mütter mit ihren Kindern. Die Kleinen trugen sie auf dem Arm, die Großen hielten sie an der Hand, einige liefen frei mit. Sie sahen so froh aus, als gingen sie zu einem Fest.

Die Mütter hatten alle das gleiche Ziel. Sie wollten mit ihren Kindern zu Jesus. Ihre Kinder sollten Jesus kennenlernen, der Wichtiges und Schönes von Gott erzählt.
Und sie wollten Jesus bitten, dass er zu ihren Kindern spricht, ihnen die Hände auf den Kopf legt und sie segnet und dabei sagt: „Gott hat dich lieb!" Dann werden sie glücklich und froh werden. Jesus hatte mit ein paar Männern gesprochen, die gerade wieder weg gingen. Die Mütter dachten, jetzt hat er Zeit für uns und sie wollten schnell zu Jesus hinlaufen.
„Halt!" riefen die Jünger! „Was wollt denn ihr hier bei Jesus?"

---

[1] Das Lied von Kurt Rommel steht zum Beispiel im Evangelischen Gesangbuch in der Ausgabe für die Evangelische Landeskirche Württemberg unter der Nummer 644 mit Noten und Gitarrengriffen abgedruckt.

„Wir wollen unsere Kinder zu Jesus bringen, dass er ihnen von Gott erzählt und sie segnet!"

„Das geht jetzt nicht, Jesus ist müde und muss sich ausruhen, und überhaupt, die Kinder sind doch noch viel zu klein, sie können doch gar nicht verstehen, was Jesus von Gott erzählt. Geht nur wieder nach Hause! Kinder gehören noch nicht zu Jesus!"

Jesus hörte, was die Jünger zu den Frauen sagten. Da rief er ihnen zu: „Halt, was ihr da sagt stimmt nicht!" Er rief den Frauen und Kindern zu: „Kommt her zu mir!".

Zu den Jüngern sagte er: „Lasst die Kinder zu mir kommen und haltet sie nicht zurück. Sie gehören genauso zu Gott, wie die Erwachsenen."

Das ist schön, was Jesus da gesagt hat. Darauf liefen die Kinder und die Mütter, mit den Kleinen auf dem Arm, fröhlich zu Jesus hin. Manche Kinder hatten Jesus vielleicht noch gar nie gesehen, trotzdem hatten sie keine Angst vor ihm. Sie kuschelten sich an ihn. Er legte die Arme um sie und sprach ganz freundlich mit ihnen. Sie hörten gut zu, was er ihnen von Gott erzählte, und sie haben es auch verstanden. Am besten hat ihnen gefallen, dass Jesus sagte: „Gott liebt alle Menschen, kleine und große, alte und junge, schwache und starke, Menschen mit unterschiedlicher Hautfarbe. Alle gehören zu ihm."

Bevor die Mütter mit ihren Kindern wieder nach Hause gingen, legte Jesus die Hände auf die Köpfe der Kinder. Die Mütter hielten ihm die Kleinen hin. Jedes Einzelne wurde gesegnet.

Glücklich machten sie sich auf den Heimweg und sangen:
„Jesus hat die Kinder lieb, er lädt sie alle ein,
keins ist bei ihm ausgeschlossen, alle sind sie sein!"
Wir singen mit ihnen! (Vers für Vers vorlesen und dann singen)

Zur Erinnerung an die Geschichte kann der Liedtext kopiert und den Kindern mitgegeben werden.

6. Zachäus - der Mann auf dem Baum (Lukas 19)

Mittegestaltung mit Egli-Figuren: Zachäus auf dem Baum (starker Ast mit Blättern), mehrere Leute unterm Baum, in der Mitte Jesus zu Zachäus hingewendet.

Kinder berichten was sie sehen. Warum der Mann wohl auf dem Baum sitzt?

Dazu erzähle ich euch die Geschichte, die in der Bibel steht.
Der Mann heißt Zachäus. Er wohnte in der Stadt Jericho und war sehr reich. Sein Reichtum kam da her, dass er für den Kaiser in Rom arbeitete. Er saß täglich von morgens bis abends in einem kleinen Haus, dem Zollhaus vor der Stadt, und kassierte von allen, die in die Stadt wollten, um etwas zu verkaufen, Wegegeld. Das nennt man auch Zoll.
(Frage an die Kinder, was sie über Zoll wissen. Stichworte: Urlaub, anderes Land)
Zoll mussten auch die bezahlen, die etwas in der Stadt gekauft hatten, um es nach Hause nehmen zu dürfen.

Zachäus schaute die Leute genau an. Wenn er sah, dass sie viel Gepäck auf ihre Esel geladen hatten, dachte er, die wären reich. Dann verlangte er eine höhere Zollgebühr, als von denen, die weniger Gepäck bei sich hatten. Aber alle mussten auf jeden Fall zahlen. Kein Wunder, wenn Zachäus so unterschiedliche Zollgebühren verlangte, dass die Leute ihn nicht leiden konnten. Deshalb hatte er auch wenige Freunde. Zachäus wurde als Dieb beschimpft, der den Leuten das Geld wegnahm und möglichst viel für sich von dem Geld behielt. Er hatte ein Haus, gutes Essen, schicke Kleider und machte sich ein schönes Leben. Die Kinder sagten oft heimlich:

Zachäus armer reicher Mann,
dich schaut ja keiner an,
die Leute haben dich nicht lieb,
geh weg von uns du böser Dieb.
Zachäus, Zachäus, du böser reicher Mann

Eines Tages hörte Zachäus die Leute sagen, dass Jesus nach Jericho kommt. Da dachte er bei sich: „Was?! Jesus kommt, den wollte ich schon lange einmal sehen und hören. Er soll von Gott ganz anders erzählen als andere Schriftgelehrte. Da will ich auch hin." Gesagt, getan. Er stand auf, schloss sein Zollhaus zu und eilte nach Jericho.
Als er durchs Stadttor kam, sah er die vielen Leute, die alle zum Marktplatz strömten. Da Zachäus klein war, drängelte er nach vorne, damit er Jesus gut sehen kann. Die Leute ließen ihn aber nicht durch, schubsten ihn weg. Sie sagten unter anderem: „Drängle nicht so! Was will überhaupt ein Zöllner, der Beamte des Kaisers, hier? Hau ab! Geh in dein Zollhaus, da gehörst du hin, aber nicht hier her. Jesus kommt zu uns und wir wollen keinen Geld-Dieb bei uns."
Da kletterte Zachäus einfach auf den Baum am Marktplatz und versteckte sich etwas in den Zweigen, aber so, dass er nach unten auf den Marktplatz sehen konnte.

Zachäus kluger, kleiner Mann,
jetzt fängst du´s richtig an,
lasst ihr mich nicht hier bei euch steh'n,
vom Baum aus, kann ich Jesus sehn.
Zachäus, Zachäus, jetzt fängst du´s richtig an.

Endlich kam Jesus mit seinen Freunden. Alle waren gespannt auf das, was er ihnen sagen würde. Aber was war das? Statt den Leuten auf dem Marktplatz von Gott zu erzählen, ging Jesus zuerst direkt auf den Baum zu, auf dem Zachäus saß, schaute nach oben und rief: „Zachäus, Zachäus in deinem Haus möchte ich heute Gast sein und bei dir essen." Zachäus war ganz überrascht. Er konnte es fast nicht glauben. Bei ihm, den viele nicht leiden konnten, will Jesus Gast sein!

Er kletterte schnell vom Baum herunter und eilte nach Hause, um alles vorzubereiten. Seine Knechte und Mägde halfen ihm dabei. Bald duftete es herrlich nach gutem Essen durch das ganze Haus.

> Zachäus froher kleiner Mann,
> dein Heiland sieht dich an,
> lässt du ihn in dein Haus hinein,
> dein Gast will er noch heute sein.
> Zachäus, Zachäus, du froher kleiner Mann.

Die Leute auf dem Marktplatz ärgerten sich, dass Jesus ausgerechnet zum Zöllner Zachäus geht, wo der doch Geld aber nicht Gott liebt. Einige gingen enttäuscht und verärgert weg.
Als Jesus mit seinen Jüngern bei Zachäus ankam, setzten sie sich an den Tisch. Sie ließen sich das gute Essen schmecken. Dann erzählte Jesus von Gott, der die Menschen liebt, wenn sie Fehler machen, dass er ihnen vergibt und sie wieder neu weiterleben dürfen.
Da stand plötzlich Zachäus auf und ging zu Jesus hin und sagte: „Ich will mein Leben ändern, Jesus. Ab jetzt gebe ich von meinem Reichtum den Armen ab und teile mit ihnen. Die, die ich betrogen habe und von denen ich zu viel Zoll verlangt habe, denen will ich es vierfach zurückgeben. Wenn Zachäus z.B. 10 Geldstücke zu viel verlangt hatte, dann gab er (Kinder fragen: wie viel zurückgeben?) 40 Geldstücke zurück,

Jesus schaute Zachäus liebevoll an und sagte: „Zachäus, heute hast du Gottes Segen erlebt!"
Gottes Segen hilft den Menschen zum Nachdenken und Umdenken und Gutes zu tun. Das ist auch bei uns heute so.

Den Kindern kann man eine Schokoladen-Münze zur Erinnerung an den Zöllner Zachäus mitgeben. Auch kann man die Verse in der Geschichte kopieren und mitgeben, damit sie Zuhause noch etwas dazu malen können.

Verse (traditioneller Text, der vielfach, etwa von ErzieherInnen, verändert worden ist)

Zachäus armer reicher Mann,
dich schaut ja keiner an,
die Leute haben dich nicht lieb,
geh weg von uns du böser Dieb,
Zachäus, Zachäus, du böser reicher Mann.

Zachäus kluger, kleiner Mann,
jetzt fängst du's richtig an,
lasst ihr mich nicht hier bei euch steh'n,
vom Baum aus, kann ich Jesus sehn.
Zachäus, Zachäus, jetzt fängst du's richtig an.

Zachäus froher kleiner Mann,
dein Heiland sieht dich an,
lässt du ihn in dein Haus hinein,
dein Gast will er noch heute sein
Zachäus, Zachäus, du froher kleiner Mann
Mann.

7. Die Speisung der 5000 (Matthäus 14)

Mittegestaltung: Jesus in der Mitte, 2 Jünger bringen 5 Fladenbrote und zwei Fische (aus Knetmasse hergestellt)

Immer wenn die Menschen hörten, dass Jesus mit seinen Freundinnen und Freunden (Jüngerinnen und Jüngern) in der Nähe war, ließen sie alles liegen und stehen und machten sich auf den Weg zu Jesus. Warum wohl? (Kinder beschreiben ihre Ideen)

Weil Jesus ihnen lebhaft von Gott erzählte. Das war ganz anders, als das, was sie von manchen Schriftgelehrten hörten. Wenn sie von Gott redeten, sagten sie: „Gott ist ganz streng. Da müsst ihr euch anstrengen, dass ihr seine Gebote haltet, sonst straft er euch."
Da hatten die Menschen Angst, anstatt liebevoll zu vertrauen.

Jesus war ein ganz anderer Prediger. Er sagte etwas anderes: „Ihr sollt euch anstrengen nach Gottes Willen zu leben, aber nicht aus Angst, sondern weil Gott euch liebt. Gott liebt die Menschen, jeden Einzelnen. Er vergibt euch, wenn ihr streitet und euch wieder versöhnt. Wenn ihr Fehler gemacht habt und zu ihm betet ‚Gott, vergib mir meine Schuld‘, dann dürft ihr wieder neu anfangen. Gott freut sich, wenn ihr nach dem, was ich euch sage, lebt und meinen Worten vertraut."
Das hörten die Menschen und sie glaubten Jesu Worte.

Eigentlich wollte Jesus ein wenig ausruhen, weil er zu vielen Menschen gesprochen, sie getröstet und Kranke geheilt hatte. Deshalb stieg er mit seinen Jüngern in ein Boot am See Genezareth und die Jünger ruderten auf die andere Seite des Sees. Dort wollten sie etwas ausruhen. Aber was war da?

Als sie am Ufer ankamen war dort schon eine Menge Leute versammelt. Mütter, Väter und ihre Kinder, alte und junge Leute, Kranke, Neugierige, Traurige und Fröhliche. Alle wollten von Jesus hören, wie er von Gott erzählt.

Als Jesus sie alle sah, was sollte er machen? Alle wegschicken und sagen: „Geht wieder nach Hause, ich bin müde. Ich möchte mich ausruhen?" Nein das tat er nicht!

Etwas weiter weg vom Ufer war eine große Wiese und er sagte, sie sollen sich dort auf diese Wiese setzen. Er setzte sich in die Mitte zu ihnen, ließ sich von ihnen erzählen, wie es ihnen geht, tröstete und ermutigte sie und erzählte ihnen von Gottes Liebe: Gottes Liebe ist wie die Sonne, sie ist immer und überall da. Streck dich ihr entgegen. Nimm sie in dich auf.

Die Menschen konnten nicht genug bekommen vom Zuhören. So gut taten ihnen die Worte Jesu. Sie merkten gar nicht, wie lange sie schon da waren und Jesus zugehört hatten. Sie waren auch gar nicht müde.

Da plötzlich tippte einer der Jünger Jesus an die Schulter. „Du, Jesus, die Sonne geht bald unter. Es wird Nacht. Du solltest die Menschen jetzt nach Hause schicken, dass sie was essen können und sich ausruhen."

Jesus sah seine Jünger an und sagte: „Gebt ihr ihnen doch zu essen!" „Was, wir, für 5000 Leute? Das geht doch gar nicht. So viel haben wir doch gar nicht." „Geht, und schaut nach, was ihr im Boot habt."

Sie kamen wieder und brachten fünf Fladenbrote und zwei Fische. „Das reicht auf keinen Fall!" Jesus sagte, die Leute sollen sich in Gruppen wie Familien zusammensetzen.

Dann nahm er die Brote und die Fische in seine Hände, schaute zum Himmel auf und betete laut: „Du Gott, mein Vater, segne diese Speise, uns zur Kraft und dir zum Preise. So sei es!" Dann brach er die Brote auseinander und teilte die Fische in kleine Stücke, gab sie in die Hände der Jünger und sagte: „Teilt alles aus!"

Die Leute bekamen alle ein Stückchen, aßen es und wurden alle satt. Sie verteilten auch das, was einige selbst mitgebracht hatten.
Die Menschen sagten: „So etwas haben wir noch nie erlebt, wenn wir teilen und essen, dann wird ein Brot mehr und nicht weniger." Jesus rief den Menschen zu: „Richtig! Wenn jeder teilt was er hat, dann werden alle satt." Das ist wundervoll.

„Seht," sagte Jesus, „ihr könnt Samen ausstreuen, Gemüse-pflanzen setzen, Bäume pflanzen. Aber dass etwas aus den Samen wächst, das macht Gott. Er schickt Sonne, Regen, Wind, damit alles wachsen kann. Daran seht ihr, dass Gott euch liebt und wenn ihr Menschen dafür dankt, ein Erntedankfest macht, dann kommt Freude in euer Herz."

Als die Menschen satt waren, sangen sie ein Danklied. Etwa dieses:
„Alle gute Gabe, kommt her von Gott dem Herrn..."
Danach gingen sie glücklich nach Hause.

Jesus gab seinen Jüngern noch den Auftrag: „Schaut nach, ob noch Brotreste herumliegen und sammelt alle ein, mit Brot muss man sehr achtsam umgehen."
Was meint ihr, was die Jünger noch gefunden haben?
Die Bibel erzählt, es waren 12 Körbe voll Brotreste.
Jetzt wollen wir auch ausprobieren wie das geht, dass aus einem Stück mehr wird

Mitgebrachte Brotscheiben in kleine Stücke brechen und miteinander teilen.
Frage: Was kann man denn außer Brot noch alles teilen? (Rundgespräch)
Was in der Gruppe übrig bleibt, nehmen die Kinder mit zu ihrem Vesper oder geben es einander weiter.

8. Jesus lehrt auf dem Berg (Matthäus 6)

Mittegestaltung mit Egli-Figuren: Jesus sitzt auf einem großen Stein, zwei Jünger sitzen neben ihm.

Die Kinder erzählen, was sie sehen und vermuten.

Das Jesus-Kind in der Krippe ist erwachsen geworden. Jesu ging zu den Menschen, um ihnen von Gott zu erzählen. Einmal ging er am See Genezareth entlang. (Erfahrungen der Kinder mit Seen oder mit dem Meer erfragen)

Da sah er nahe am Ufer des Sees ein Boot mit zwei Männern. Zwei Brüder, der eine hieß Petrus, der andere Andreas. Sie waren Fischer. Jesus blieb stehen und schaute zu, wie die Beiden ihr großes Fischernetz ins Wasser warfen, um Fische zu fangen. Das war eine mühsame und schwere Arbeit.
Als Petrus und Andreas aufschauten sahen sie Jesus. Da freuten sie sich. Sie kannten Jesus und hatten schon viel von ihm gehört.

Jesus rief ihnen zu: „Kommt mit mir, ihr sollt meine Freunde werden, meine Jünger und ihr dürft immer bei mir bleiben." Das ließen sich die Beiden nicht zweimal sagen. Sie ruderten ans Ufer, stiegen aus dem Boot und ließen ihr Schiff mit dem Netz am Ufer liegen und gingen mit Jesus.

Als sie ein Stück am Ufer des Sees entlang gegangen waren, sahen sie noch ein Boot. Es war fest angebunden am Ufer. Mehrere Männer saßen darin und flickten ihre Fischernetze. Die Netze rissen immer wieder an vielen Stellen, wenn beim Fischfang die Steine am Grund des Sees sie aufrissen und die Fische darin zappelten. Ein alter Mann war dabei, dem gehörte das Schiff. Unter den jungen Männern im Boot waren seine beiden Söhne Jakobus und Johannes.

Da rief Jesus den Beiden zu: „Kommt, ihr sollt auch meine Jünger werden." Auch sie gingen sofort mit. Ihr Vater und die anderen Männer im Boot konnten die Arbeit gut allein weitermachen.

Jetzt hatte Jesus schon vier Jünger. Er hat noch mehr Männer zu sich gerufen, die seine Jünger werden sollten. Schließlich hatte er zwölf. Zwölf Freunde, die immer bei ihm bleiben wollten und von ihm hören wollten, wie er von Gott erzählte.

Einmal ging Jesus vom See weg mit seinen Jüngern auf einen nahegelegenen Berg, setzte sich und sagte zu ihnen:
„Ich möchte euch gerne erzählen, was Gott wichtig ist. Wollt ihr das hören?"
Und ob sie das hören wollten! Sie setzten sich um ihn herum auf den Boden und hörten ihm zu:

„Wisst ihr, was das Allerwichtigste ist, das ihr und alle Menschen, Erwachsene und Kinder, auf der ganzen Welt von Gott wissen sollt?"
Jetzt waren die Jünger gespannt. Jesus schaute sie an: Das sollt ihr nie mehr vergessen:
Gott liebt alle Menschen.

Gemeint sind: Junge und Alte,
Große und Kleine.
Ganz egal, in welchem Land sie leben,
ob sie dunkle oder helle Hautfarbe haben.
Ganz besonders liebt er auch die, von denen die andern sagen,
den oder die mag ich nicht, der oder die ist so komisch.
Gott liebt die, die traurig sind,
und die, die wollen, dass es gerecht zugeht.
Er liebt die, die freundlich und liebevoll miteinander umgehen,
auch die, die Frieden suchen und nicht den Streit.

Einer der Jünger meinte: „Jesus, das ist schön, was du uns von Gott erzählst, aber sag, wie erfahren das die Menschen, was du uns von Gott erzählst?"

(Rundgespräch: Was meint ihr wohl, was Jesus da antwortete?)

Jesus sagte ihnen: „Ihr könnt mithelfen, indem ihr das, was ihr von mir gehört habt, weitersagt und vor allem, dass ihr es selbst vorlebt, indem ihr achtsam miteinander umgeht. Wenn es mal zu Streit kommt, dann schließt wieder Frieden. Tröstet Traurige. Vertragen sollt ihr euch, auch mit denen, die ihr nicht so mögt. Bittet Gott, dass er euch dazu hilft. Ich will euch ein Gebet sagen, in dem das alles zusammengefasst ist, was ihr Gott sagen dürft und worum ihr ihn bitten dürft."

Dieses Gebet haben die Jünger auswendig gelernt. Weil es ihnen so wichtig war, haben sie es den Menschen weitergesagt. Die, die es gehört haben, haben es auch gelernt und weitergesagt und so ging das Gebet von Mensch zu Mensch. Das geht so weiter bis heute. Ihr habt es vielleicht auch schon gehört. Wer es kennt darf es gleich mitsprechen. Es heißt:

Vater unser im Himmel.
Geheiligt werde dein Name.
Dein Reich komme.
Dein Wille geschehe, wie im Himmel, so auf Erden.
Unser tägliches Brot gib uns heute.
Und vergib uns unsere Schuld,
wie auch wir vergeben unseren Schuldigern.
Und führe uns nicht in Versuchung,
sondern erlöse uns von dem Bösen.
Denn dein ist das Reich
und die Kraft
und die Herrlichkeit in Ewigkeit. Amen.

Dieses Gebet sprechen wir auch in jedem Gottesdienst und im Kindergottesdienst und beim Taufgottesdienst.
Vielleicht habt ihr es auch schon mal zu Hause miteinander gebetet.
Damit ihr es selbst lernen könnt, vielleicht auch mit euren Geschwistern, bekommt ihr diese Karte – (zeigen), auf der ist das

Gebet aufgeschrieben und ihr könnt noch was dazu malen (aus-
teilen).

*Das Vaterunser auf eine weiße Doppelkarte für jedes Kind ko-
pieren und mitgeben*

Vater unser im Himmel.
Geheiligt werde dein Name.
Dein Reich komme.
Dein Wille geschehe, wie im Himmel, so auf Erden.
Unser tägliches Brot gib uns heute.
Und vergib uns unsere Schuld,
wie auch wir vergeben unseren Schuldigern.
Und führe uns nicht in Versuchung,
sondern erlöse uns von dem Bösen.
Denn dein ist das Reich
und die Kraft
und die Herrlichkeit in Ewigkeit. Amen.

9. Der barmherzige Samariter (Lukas 10)

Mittegestaltung mit Egli-Figuren: Ein kleiner Spielzeugesel, auf dem eine verwundete Figur sitzt, eine andere führt den Esel.

Was seht ihr? (Die Kinder erzählen.)

Vor dem Stadttor von Jericho war eine große Wiese. Dort saß Jesus umringt von vielen Menschen: Alte, Junge, Arme, Reiche und Kinder. Sie waren gekommen, als sie hörten, dass Jesus nach Jericho gekommen sei. Die Kinder freuten sich am meisten, weil Jesus immer so begeisternd und lebhaft von Gott erzählte.

Ein Mann aus der Menge der Menschen stand auf und fragte ganz laut: „Jesus, du hast doch von den 10 Geboten Gottes erzählt. Welches ist eigentlich das wichtigste Gebot? Welches soll ich mir besonders merken?"
Jesus sagte ihm: „Da gibt es eines, das alle 10 zusammenfasst. Das solltest du dir merken, es heißt:

Du sollst Gott lieben, von ganzem Herzen und deinen Nächsten lieben, wie dich selbst."

„Ja", sagte der Mann, „das tu ich ja schon. Aber eins solltest du mir noch sagen: *Wer ist eigentlich mein Nächster?"* Da waren auch die Kinder ganz aufmerksam und gespannt, welche Antwort Jesus da geben würde:

„Hört," sagte Jesus, „dazu erzähle ich euch eine Geschichte."
„Au ja!" riefen die Kinder.

Wenn man von der Stadt Jericho zur Stadt Jerusalem will, führt ein Stück des Weges durch ein dunkles Tal. Rechts und links sind mächtige Felsen. Davor wachsen einige Büsche. Kein

Mensch wohnt an diesem einsamen Ort. Aber hinter den Büschen verstecken sich manchmal Räuber. Die warten in ihrem Versteck darauf, dass jemand auf der Straße daherkommt. Dann überfallen sie ihn. Sie schlagen ihn, rauben ihn aus, nehmen sein Gepäck und seine Kleider und lassen ihn verletzt am Weg liegen. Die Räuber hauen schnell mit ihrer Beute ab.

Jesus erzählte:
„So geschah es einmal einem Mann. Er wurde geschlagen, ausgeraubt und blieb verletzt am Boden liegen und konnte sich nicht mehr aufrichten. Er stöhnte und jammerte: ‚Wenn keiner kommt und mir hilft muss ich hier sterben.' ".

Da hörte er Schritte. Mit schwacher Stimme rief er: „Hilfe, Hilfe." Ein Mann kam des Wegs, ein Priester. Er musste zum Dienst in den Tempel in Jerusalem und las in seiner Schriftrolle, um sich vorzubereiten. Er war in Eile, sollte er doch gleich den Menschen im Tempel aus Gottes Wort vorlesen. Er hatte keine Zeit, sich um den Verletzten zu kümmern. Er murmelte vor sich hin: „Wird schon bald einer kommen, der wird ihm dann helfen." Er ging schnellen Schrittes weiter.

Tatsächlich. Da hörte der Verletzte wieder Schritte und wieder rief er so laut er konnte: „Hilfe, Hilfe, so hilf mir doch, sonst muss ich verdursten und sterben!" Wer kam, war ein junger Mann, ein Tempeldiener, der musste im Tempel die Schriftrollen für den Priester in einen Schrank aus- und einräumen, die Opferkasse leeren, außerdem den Raum kehren und sauber halten. Es war ja Gottes Haus und das sollte sauber sein. Er war schon spät dran und sollte schnell zum Tempel, damit alles hergerichtet ist, bis der Gottesdienst beginnt. Er schaute den Verletzten gar nicht an und hörte nicht auf sein Rufen. Weg war er.

Nach kurzer Zeit hörte der Verletzte ein Getrappel. Das muss ein Tier sein, auf dem sicher ein Mensch reitet. So war es. Ein Mann aus Samarien, ein Samariter, kam mit seinem Esel, um in Jerusalem einzukaufen.

Das Volk Israel und die Samariter waren untereinander zerstritten. Die Leute aus Israel sagten: „Die Samariter sind unsere Feinde, mit denen wollen wir nichts zu tun haben." Die Erwachsenen redeten nicht miteinander und wenn, dann nur im Streit. Die Kinder spielten nicht miteinander. Die Erwachsenen sagten zu ihnen: „Bleibt bloß von den Samariter-Kindern weg. Das sind Ausländer. Von denen könnt ihr nichts Gutes lernen."

Als der Samariter auf seinem Esel daher ritt, lief der Esel auf den Verletzten zu und blieb stehen. Der Samariter sah den schwer Verletzten am Boden liegen. Er überlegte nicht, ob das wohl einer aus seinem Volk, den Samaritern, war oder von den Israeliten. Er stieg vom Esel und sah: Der braucht Hilfe. Er kniete nieder und sagte zu dem Verletzten. „Hab keine Angst, ich helfe dir, es wird alles wieder gut." Er legte seinen Arm unter seinen Kopf und gab ihm aus seinem Trinkgefäß etwas zu trinken, nahm ein Tuch aus seinem Gepäck, reinigte seine Wunden vom Sand und band ihm das Tuch um seinen Kopf. Dann hob er ihn auf seinen Esel und stützte ihn.

Bild aus der Christuskirche in Ulm-Söflingen
(Fotografie des Herausgebers)

Der Samariter wusste, dass am Ende der Straße eine Herberge war. Ein Gasthaus, da konnte man, wenn man auf Reisen war, gegen Geld übernachten. Dorthin lenkte er nun seinen Esel. Er hob den Verletzten von seinem Esel und brachte ihn in ein Bett und versorgte ihn. Er legte sich dann ins Bett neben den Verletzten.
Am anderen Morgen rief er den Besitzer und bezahlte ihm zwei Silberstücke. Er sagte: „Bitte versorge den Mann, bis er wieder

gesund ist. Ich komme auf meiner Rückreise hier wieder vorbei und wenn das Geld nicht ausgereicht hat, bezahle ich dir, was du noch ausgegeben hast."

Hier endete die Geschichte von Jesus. Jesus wendete sich dem Mann zu, der ihn gefragt hatte: ‚Wer ist mein Nächster'. Er fragte ihn:
„Was meinst du: Wer war nun der Nächste, für den Verletzten?"

Die Kinder konnten es gar nicht erwarten, bis der Mann antwortete und riefen gleich ganz laut: „Klar, der Samariter, der dem Verletzten geholfen hat."

Jesus schließt mit dem Satz: „Dein Nächster ist der, der deine Hilfe braucht! Egal ob Freund oder Feind."

Gespräch mit den Kindern:
Wie ist das nun bei uns? Wenn z.B. jemand hinfällt und sich am Knie, Arm oder an der Hand verletzt und du kannst ihn gar nicht so gut leiden, weil er dich vielleicht ausgelacht oder dein Lieblingsspielzeug versteckt hat? – Rundgespräch

Mein Nächster ist immer der, der meine Hilfe braucht.

Jedes Kind bekommt einen Pflasterstrip – für den Notfall – und zur Erinnerung an die Geschichte.

10. Die beiden Söhne (Lukas 15)

Mittegestaltung mit Egli-Figuren: Vater mit ausgebreiteten Armen, rechts und links vor ihm die beiden Söhne.

Was seht ihr? (Kinder erzählen)

Es hatte sich in der Stadt Kapernaum schnell herumgesprochen: „Jesus ist mit seinen Jüngerinnen und Jüngern unterwegs und kommt zu uns nach Kapernaum!"
„Ah, schön!", sagten die Kinder: „Der erzählt immer so spannende Geschichten!"
Als Jesus durch das Stadttor kam, drängten die Kinder zu ihm hin und bettelten: „Jesus bitte, erzähl uns wieder eine Geschichte."
„Was wollt ihr denn hören?" fragte Jesus.
„Weißt du, so eine Geschichte von Gott, wie er die Menschen mag!"

Jesus setzte sich auf den Boden. Die Kinder und die Erwachsenen versammelten sich um ihn herum. Jesus erzählte.

Da war ein Mann, ein reicher Bauer, der hatte große Felder, auf denen Korn wuchs. Wenn es goldgelb und reif war, wurde gedroschen, die Körner wurden geerntet und zu Mehl gemahlen. Daraus wurde dann Brot gebacken. Der reiche Bauer hatte auch noch Schafe und Rinder, die versorgt werden mussten. Bei all der vielen Arbeit halfen ihm Knechte und Mägde und vor allem seine beiden Söhne. Die hatte er beide sehr lieb. Wenn der Bauer einmal stirbt, dann gehört alles seinen beiden Söhnen. Die beiden halfen fleißig ihrem Vater.

Aber der Jüngere dachte immer öfter: Eigentlich möchte ich am liebsten einmal weg von hier und mal sehen, wie es woanders auf der Welt zugeht. Was die anderen Leute so arbeiten, wie sie Feste feiern und Spaß haben.

Dann ging er tatsächlich zu seinem Vater hin und sagte: „Vater, ich möchte weg von dir und die weite Welt sehen. Gib mir doch jetzt schon mein Geld, das ich einmal bekomme, wenn du stirbst. Der Vater erschrak und war in seinem Herzen sehr traurig, als er hörte, dass sein Sohn weg gehen wollte. Aber er machte ihm keine Vorwürfe. Er holte das Geld, tat es in einen großen Beutel und gab es ihm.

Der Sohn nahm den Beutel an sich, zog seine guten Kleider an und machte sich auf den Weg. „Ha!", dachte er, „Jetzt bin ich frei und ich kann tun was ich will! Niemand sagt zu mir: Tu das oder lass das! Wunderbar! Jetzt gehe ich erst in die große Stadt, schau mir alles an, was es da gibt und dann geh ich ins Gasthaus und esse und trinke was mir schmeckt." Gesagt, getan.
Bald fand er auch Freunde, mit denen vergnügte er sich jeden Tag und zahlte ihnen alles, was sie sich wünschten Die freuten sich über ihren reichen Freund. Hei, war das ein schönes Leben. (Wärt ihr da auch gerne dabei gewesen?)

Aber mit der Zeit merkte der Sohn, dass sein Geld im Beutel immer weniger wurde. Plötzlich, war sein Beutel leer. Was soll er jetzt tun? (Kinder fragen)

Seine Freunde waren längst von ihm weggegangen, als sie merkten, dass er fast kein Geld mehr hatte. Jetzt musste er Arbeit suchen! Er fragte bei den Bauern und Kaufleuten in der Stadt nach, ob sie nicht einen Knecht brauchen könnten. Aber keiner wollte ihn haben. „Wir brauchen keinen weiteren Esser. Wir haben nicht so viel. Das reicht gerade für uns."

Endlich fand er doch noch Arbeit. Aber was für eine! Er durfte bei einem Bauern Schweine hüten und bekam dafür Essen. Aber das war so wenig, dass er oft riesigen Hunger hatte. Dann fasste er in das Futter der Schweine und aß davon. Dabei dachte er: „Wenn ich nur bei meinem Vater geblieben wäre, dann hätte ich genug zu essen und zu trinken und nicht so einen Schweinefraß." Er bekam schrecklich Heimweh.

Eines Morgens sagte er vor sich hin: „Ich will mich auf den Weg machen und zu meinem Vater gehen! Vielleicht nimmt er mich wenigstens als Knecht an!" Er ging! Seine schönen Kleider waren längst nicht mehr schön. Sie waren schmutzig und seine Haare hingen ihm unordentlich ins Gesicht. Er hatte keine Schuhe mehr. Er ging barfuß. Mühsam humpelte er über Stock und Stein.

Endlich sah er in der Ferne die Häuser seines Heimatorts. Er machte größere Schritte. Dabei klopfte sein Herz immer schneller und seine Gedanken wirbelten durch seinen Kopf: „Ob mich mein Vater noch kennt und mich wieder aufnimmt?" Bald war er im Ort und ganz nah beim Haus – seinem Vaterhaus - und was sah er?

Sein Vater stand vor der Haustüre. Er hatte seine Hand an die Stirn gelegt und es sah so aus, als ob er wartete. Als er seinen Sohn sah, ging er ihm entgegen, breitete seine Arme aus und drückte ihn an sich und flüsterte ihm ins Ohr: „Junge, was bin ich froh, dass du wieder da bist. Als du weg warst, war es so, als ob du tot wärst. Und jetzt lebst du wieder."

Der Sohn kniete vor seinem Vater nieder und bat: „Vater, verzeih mir! Es war unrecht, dass ich von dir und meinem Zuhause weggelaufen bin. Ich bin nicht mehr wert dein Sohn zu sein. Aber lass mich wenigstens ein Knecht bei dir sein!" Der Vater zog ihn hoch, umarmte ihn und sagte: „Junge, du bist und bleibst mein Kind, mein Sohn. Auch wenn du Fehler gemacht hast, liebe ich dich!"

Dann rief er seine Knechte und Mägde: „Bereitet gutes Essen und Trinken vor. Wir wollen ein Fest feiern, weil mein Sohn wieder da ist. Bringt für meinen Sohn neue Kleider. Dann nahm der Vater noch seinen Ring vom Finger und steckte ihn an den Finger seines Sohnes. Das war dem Sohn ein Zeichen, dass der

Vater nicht nur sagt „Ich liebe dich", sondern dass der der Vater seinem Sohn auch ein sichtbares Zeichen für diese Vaterliebe schenkte.

Bald duftete es herrlich nach gutem Essen. Sogar Musikanten kamen und spielten. Es wurde gegessen, gelacht und getanzt und alle waren fröhlich. Man konnte es schon von ferne hören.

Der ältere Sohn hörte es bei seiner Arbeit auf dem Feld. Schnell ging er, um nachzusehen woher die Musik kam und was da los ist.
Schon bald sah er, dass die Musik aus dem Haus seines Vaters kam. Er lief eilig. Gleich fragte er einen Knecht, was da los sei und der erzählte: „Dein Bruder ist wieder da. Dein Vater freut sich so sehr, dass er ein Fest machte. Alle freuen sich mit."

Der ältere Sohn blieb an der Tür stehen und beobachtete das Fest. Der Vater sah ihn, ging auf ihn zu und sagte: „Komm rein, mein Junge. Dein Bruder ist wieder heimgekommen. Das müssen wir feiern." Der ältere Bruder wollte nicht mitfeiern. Er sagte: „Das verstehe ich nicht. Mein Bruder läuft weg, verbraucht das ganze Geld und kommt wie ein Bettler zerlumpt wieder zurück. Jetzt feierst du ein Fest?"

„Ja so ist es!", sagte der Vater. „Ich freue mich, dass wir wieder beisammen sind. Du und er und alle im Haus. Komm doch einfach rein und freu dich mit. Ihr seid doch meine beiden geliebten Söhne."

An dieser Stelle hörte Jesus auf zu erzählen und schaute die Kinder an: „Habt ihr verstanden, wo in der Geschichte Gott vorkommt? (Kinder fragen)

Eines der Kinder sagte: „Jesus, ist vielleicht der Vater in der Geschichte, so wie Gott?" Jesus sagte: „Ja, du hast recht. So handelt Gott. Er liebt die Menschen wie der Vater seine Söhne. Wir dürfen ihn um Verzeihung bitten. Wenn wir einen Fehler gemacht haben, schickt er uns nicht weg. Er sagt nicht, dass er uns jetzt nicht mehr mag. Sondern er verzeiht uns, weil er uns liebt."

„Jesus", sagten die Kinder, „Das war eine schöne Geschichte! Kennst du noch mehr solche Geschichten von Gott?"
„Ja, Kinder, wenn ich wieder nach Kapernaum komme, dann erzähle ich euch wieder eine Geschichte von Gott." Die Kinder klatschten vor Freude in die Hände.

Man könnte die Kinder auffordern, ein Bild zu der Geschichte zu malen.

11. Das verlorene Schaf (Lukas 15)

Mittegestaltung mit Egli-Figuren: Im Pferch (aus einer Schachtel gebastelt) stehen möglichst so viele Schafe, wie Kinder da sind , daneben der Hirte mit einem Schäfchen im Arm.

Was seht Ihr vor Euch? (Die Kinder erzählen.)
Jedes Kind darf vor der Erzählung ein Schäfchen vorsichtig aus dem Pferch holen und während der Erzählung bei sich behüten. Das steigert die Aufmerksamkeit beim Erzählen.

Wisst Ihr noch warum die Menschen so gerne zuhörten, wenn Jesus ihnen von Gott erzählte? Die Kinder äußern ihre Vermutungen.

Gott liebt die Menschen. Er sagt nicht, wenn sie Böses getan haben, ,Ich will nichts mehr von euch wissen.' Er verzeiht ihnen: ,Komm, versuch' es das nächste Mal, anders zu machen.'
Das tat den Menschen in ihren Herzen gut, wenn Jesus so von Gott erzählte. Deshalb kamen sie immer schnell gelaufen, wenn sie hörten, dass Jesus mit seinen Jüngern in ihre Nähe kam.

Einmal erzählte er ihnen eine Hirtengeschichte.

Da war ein Hirte, der hatte 100 Schafe. Es war ein guter Hirte. Das konnte man daran sehen, dass er seine Schafe ganz fürsorglich versorgte.

Er suchte immer nach Wiesen, auf denen viel saftiges Gras wuchs, damit die 100 Schafe sich satt fressen konnten. Durst hatten die Tiere natürlich auch. Deshalb suchte der Hirte auch immer nach Wasserstellen. Kleine Flüsschen oder Seen, damit die Schafe ihren Durst stillen konnten.

Hin und wieder verletzte sich ein Schaf an einer Dornenhecke. Dann legte der Hirte kühlende Kräuter auf die Wunde, damit die Verletzung schnell wieder heilte. Oder ein Schaf hatte sich einen Dorn in den Fuß getreten. Dann hob der Hirte vorsichtig den Huf und zog den Dorn heraus. Dann sprang das Schäfchen wieder munter mit den anderen weiter.

Wenn es um die Mittagszeit in der Sonne ganz heiß wurde, suchte der Hirte nach einer Weide, auf der Bäume standen, die Schatten spendeten. Dort konnten sich die Schafe im Kühlen ausruhen.

Nachts musste der Hirte besonders gut auf seine Herde aufpassen. Da konnte es passieren, dass wilde, hungrige Tiere sich heimlich an den Pferch heranschlichen und ein Schaf zum Fressen holen wollten. Deshalb zündete der Hirte nachts auf der Weide ein Feuer an. Davor hatten die wilden Tiere Angst. Sie blieben von der Herde weg.
Auf dies alles achtete der Hirte. Er war ein guter Hirte.

Wenn er abends mit der Herde heimkam, mussten die Tiere in einer Reihe hintereinander in den Pferch laufen. Dabei zählte er, ob er auch alle 100 wieder heimgebracht hatte.

Zufrieden setzte er sich danach hin und aß, was er noch in seinem Beutel hatte, Brot, Schafskäse, vielleicht auch noch einen kleinen geräucherten Fisch.

Eines Tages war er schon wieder früh morgens mit den Schafen unterwegs. Er führte sie von Weide zu Weide und an Wasserstellen. Abends kam er wieder heim, froh, dass nichts passiert war. Die Schafe liefen hintereinander in den Pferch und er zählte sie. Aber, oh Schreck, es waren keine 100 sondern nur 99 Schafe.

Vielleicht hatte er falsch gezählt. Er trieb alle nochmals aus dem Pferch und ließ sie wieder hintereinander hinein und zählte. Es waren tatsächlich nur 99. „Oh jeh. Jetzt hab' ich eins meiner

Tiere verloren. Vielleicht hat es sich verlaufen. Hoffentlich wurde es nicht von einem wilden Tier gefressen! Ich muss es suchen. Ich liebe doch alle meine Tiere."

Er rief seinen Hund. Der setzte sich vor den Pferch und bewachte die Herde. Der Hirte zog los, um sein verlorenes Schaf zu suchen. Er lief den gleichen Weg, den er an diesem Tag mit der Herde gegangen war, noch einmal ab. Er schaute nach rechts, er schaute nach links, rief nach dem Schaf. Die Schafe kannten die Stimme ihres Hirten. Aber nichts war zu sehen und zu hören. Er lief weiter und weiter. Da plötzlich, was war das? Er hörte ganz leise: „Mäh-mäh." Er blieb stehen und hörte nochmals die Mäh-Rufe! Dann lief er in die Richtung, wo sie herkamen. Was sah er? Er blickte in ein tiefes Erdloch. Da hinein war das Schäfchen gefallen. Es konnte nicht mehr selbst herauskommen.

Der Hirte kniete sich nieder, beugte sich in das Erdloch und holte das Schaf heraus. Es zitterte. Der Hirte nahm es in den Arm, streichelte es und sagte: „Bin ich froh, dass ich dich gefunden habe. Du gehörst doch zu meiner Herde." Das Schaf kuschelte sich eng an den Hirten. Wenn es hätte reden können, hätte es sicher gesagt: „Bin ich froh, dass ich wieder bei dir bin."

Der Hirte lief schnell mit dem Schaf wieder zurück. Der Hund hatte inzwischen gut auf die Herde aufgepasst. Als er den Hirten mit dem Schaf kommen sah, sprang er ihm entgegen und bellte vor Freude. Bevor der Hirte das Schaf zur Herde brachte, ging er noch mit ihm zu seinen Nachbarn und rief: „Schaut her, freut euch mit mir! Ich habe mein verlorenes Schaf wiedergefunden!" Die Nachbarn freuten sich mit ihm und klatschten in die Hände.

Die Kinder stellen ihr Schäfchen wieder in den Pferch.

Als Jesus seine Geschichte erzählt hatte, sagten seine Zuhörer: „Das war eine schöne Geschichte. Die ging gut aus. Aber, sag' Jesus, was wolltest du uns mit der Geschichte sagen?"

Da antwortete Jesus: „ICH bin der gute Hirte. Ihr Menschen seid wie meine Schafe. Meine Schafe hören meine Stimme und ich kenne sie und sie folgen mir. Ich will, dass sie es gut bei mir haben."

Da standen ein paar Kinder auf, die auch zugehört hatten, fassten sich an den Händen, tanzten und sangen:

Jesu ist mein Hirte,
er gibt auf mich acht.
Und ich bin sein Schäflein,
das er treu bewacht.

Er sorgt alle Tage
für das täglich Brot,
und in seiner Liebe
hilft er in der Not.

Bin in ihm geborgen
überall im Land,
niemand darf mich reißen
aus des Hirten Hand.

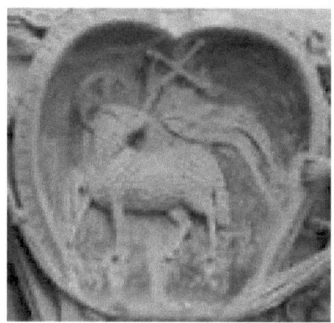

(Fotografie vom Herausgeber)

„Ihr habt es verstanden Kinder, was ich euch mit der Geschichte sagen wollte.", sagte Jesus. „Ich bin wie der gute Hirte und jedes von euch ist mir ganz wichtig. Ich will, dass ihr zu mir gehört und in meiner Nähe froh seid."

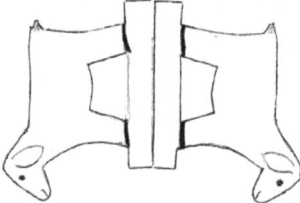

Die Kinder bekommen ein Schafmodell aus Karton (siehe Bild) zum Aufstellen. Dazu kann Polsterwatte oder Kosmetikwatte angeboten werden, mit der sie die Schäfchen bekleben können.

12. Der Kämmerer aus dem Morgenland
(Apostelgeschichte 8)

Mittegestaltung: Egli-Figuren für Philippus und den Mann aus Afrika. Wenn möglich, eine kleine Kutsche basteln oder aus dem Kindergarten, wenn vorhanden, eine ausleihen mit einem Pferd.

Kinder erzählen was sie sehen und vermuten.

Als Jesus am Kreuz gestorben war, saßen die Jüngerinnen und Jünger alle zusammen, waren sehr traurig und fürchteten sich. Sie fragten: „Was soll jetzt bloß aus uns werden? Wir waren Fischer, dann ließen wir alles stehen und liegen. Wir gingen mit Jesus von Ort zu Ort, hörten wie er den Menschen von Gott erzählte. Es war immer so schön, wie die Menschen fröhlich wurden, wenn er ihnen sagte, dass Gott alle Menschen gleich liebt. Wie soll das jetzt weiter gehen? Wie sollen die Menschen nun von Gott und Jesus erfahren?"
Sie waren ratlos!

Da klopfte es an der Tür. Ein Mann trat ein! Die Jünger fürchteten sich, weil sie dachten, jetzt würden die römischen Soldaten sie auch holen und sie müssten sterben, weil sie Freunde von Jesus waren.

Der Mann trat in ihre Mitte und sagte mit lauter Stimme: „Fürchtet euch nicht! Ich bin`s!" Als er das sagte, erkannten ihn die Jünger an seiner Stimme. Sie riefen voll Staunen und Freude: „Jesus, du?"
„Ja, ich bin auferstanden, so wie ich es euch schon vorhersagte."
„Bleibst du jetzt wieder bei uns?"

„Ja.", sagte Jesus, „Aber ich bleibe anders als seither. Ich werde wieder zu Gott zurückgehen. Dann könnt ihr mich mit euren Augen nicht mehr sehen. Aber in euren Herzen könnt ihr mich spüren, wenn ihr nach dem lebt, was ich euch gesagt habe.

Ihr bekommt jetzt von mir einen wichtigen Auftrag: IHR sollt von dem, was ich euch gesagt und vorgelebt habe, den Menschen erzählen. Damit auch sie erfahren, dass Gott sie liebt. Alle sollen dann weiterzählen, was sie von euch über Gott und mich gehört haben. Dann geht eine große „Erzählkette" um die Welt. Und die, die dadurch mir vertrauen, die sollt ihr taufen, auf den Namen Gottes, des Vaters und des Sohnes und des heiligen Geistes! Sie sind dann Christen, weil sie an mich, Jesus Christus und Gott glauben.
Damit ihr den Auftrag erfüllen könnt, schicke ich euch Gottes Geist, den heiligen Geist, der gibt euch Kraft und Mut dazu."

Nach diesen Worten war Jesus wieder weg. Aber jetzt waren da keine traurigen Jünger mehr im Raum, sondern fröhliche, die den Auftrag Jesu erfüllen wollten.

Wenn die Jünger dies damals nicht gemacht hätten, würden wir heute keine biblischen Geschichten kennen und ich könnte euch heute keine biblische Geschichte erzählen.

Von einem dieser Jünger, er hieß Philippus, steht in der Bibel folgende Geschichte:
Philippus war in der Stadt Samaria und erzählte den Menschen dort von Jesus. Da kam ein Bote Gottes zu ihm und sagte: „Philippus, Gott braucht dich auf der Straße, die nach Gaza führt. Du sollst dort hingehen." Philippus wunderte sich, denn er wusste, dass auf dieser Straße wenig Menschen unterwegs waren. Aber er ging!

Als er einige Zeit dort entlang ging, hörte er plötzlich einen Wagen heranfahren. Es war kein Auto. Das gab es damals noch nicht. Eine kleine Kutsche kam, mit einem Pferd. Im Wagen saß

ein Mann aus Afrika. Er hatte dunkle Haut und trug einen Turban auf dem Kopf. Er las ganz laut vor sich hin. Nicht aus einem Buch, sondern aus einer Schriftrolle.
(Erklären und eine selbst hergestellte Schriftrolle zeigen)
Der Mann aus Afrika war auf Geschäftsreise in Jerusalem. Er war der Finanzminister der Königin Kandake in Afrika. Vom Tempel in Jerusalem hatte er schon öfter gehört. Weil er nun dort war, wollte er den Tempel anschauen, in dem von Gott erzählt wurde. Dort gab es auch Schriftrollen zu kaufen, in denen Geschichten von diesem Gott aufgeschrieben waren. Das interessierte ihn sehr. Eine kaufte er für sich, um auf der Heimfahrt darin zu lesen. Nun las er ganz laut vor sich hin, aber er verstand nicht, was er da las. Philippus sah den Wagen und hörte den Mann laut lesen.

Gottes Geist gab dem Philippus Mut. Er ging zu dem Wagen. Der Wagen hielt an und Philippus fragte den Mann, ob er ihm helfen könnte. „Oh ja", sagte der Mann aus Afrika. „Ich lese gerade über einen Mann, der am Kreuz gestorben ist, und trotzdem lebt! Das verstehe ich nicht. Kannst du mir das erklären?"

Philippus setzte sich zu ihm in den Wagen. Dann erzählte er ihm von Jesus, was er und die anderen Jünger mit ihm erlebt hatten. Vor allem erzählte er, dass Jesus von Gott berichtet hatte, der alle Menschen liebt. Weiter sagte er, dass Jesus gekreuzigt wurde und dass Gott ihn von den Toten auferweckt hat. Er wusste, dass alle, die seinen Worten glauben, sich taufen lassen dürfen. Sie gehören dann zu Jesus Christus und sind Christen. Das hatte der Mann aus Afrika mit Staunen und Freude gehört.
In diesem Moment kamen sie an einen kleinen Fluss. Da sagte der Finanzminister zu Philippus: „Schau, da ist Wasser. Ich würde mich gerne taufen lassen. Auch ich will ein Christ sein!" Sie hielten an und gingen zum Wasser. Der Mann aus Afrika stieg vorsichtig ins Wasser. Philippus schöpfte mit den Händen Wasser auf seinen Kopf und sagte dazu: „Ich taufe dich auf den Namen Gottes, des Vaters und des Sohnes und des Heiligen Geistes. Amen. So sei es."

Voller Freude stieg der Mann wieder in seinen Wagen und sagte: „Ich werde den Menschen bei mir zu Hause von Gott und Jesus erzählen und dass ich Christ geworden bin!"
Er winkte Philippus fröhlich zu. Der wusste nun, warum der Bote Gottes ihn auf diese Straße geschickt hatte. Ihr wisst es sicher auch?

Die Kinder bekommen ein Bild von einem Thoraschrank und einer Schriftrolle darin (siehe Anlage) mit der Anregung, zu Hause davon zu erzählen. Im Internet gibt es Anleitungen für das Basteln von Schriftrollen, z.B. www.de.wikihow.com/Eine-Schriftrolle-herstellen.

<u>Bild Thoraschrank und Schriftrolle</u>

Autorin und Herausgeber

Doris Löffler

Doris Löffler ist Religionspädagogin in Ulm. Seit über sechzig Jahren unterrichtet sie Kinder, leitet Gottesdienste und übernimmt viele Funktionen in ihrer Kirchengemeinde, etwa ein regelmäßiges Mittagessen mit den Kindern des örtlichen Kindergartens.

Von Doris Löffler ist schon das Büchlein „Zirkus-Elefant im Seniorenheim" erschienen, das reich bebildert ist mit Illustrationen von Anna Beatrix Hassert. Zusammen mit diesem Buch von Doris Löffler ist es dem Herausgeber Georg E. Schäfer gelungen, den Erzählschatz dieser Geschichtenerzählerin zu verbreiten.

Georg Schäfer

Georg E. Schäfer hat mehrere Büchern veröffentlicht, etwa Romane wie "Elisabeth hat Krebs", "Glück fließt zu denen, die lieben können" und Fachbücher etwa über Mythen, eine sehr nachgefragte und in Englisch geschriebene "History of Computer Science" sowie begleitend zu Vorlesungen an der Universität Mannheim ein Werk über eine weitergehende Beteiligung der Bürger an der Politik (Open Government und Open Government Data).